DUÍLIO FABBRI JÚNIOR

ILUSTRAÇÕES
MANOELA COSTA

GLÓRIA MARIA
Glória Maria Matta da Silva

1ª edição – Campinas, 2024

"Pois digo a você que não se deixe levar pelos seus pensamentos ruins, pois momentos ruins aparecem, mas os bons vêm logo em seguida."
(Glória Maria)

O Rio de Janeiro era a capital do Brasil. Na Cidade Maravilhosa, as escolas de samba desfilavam nas ruas, pois não existia o sambódromo, e as novelas eram narradas pelo rádio, pois ainda não havia TV no país.

Em 1949, nasceu Glória Maria Matta da Silva, filha do alfaiate Cosme Braga da Silva e da dona de casa Edna Alves Matta. A menina cresceu em Vila Isabel, bairro tradicional da cidade e repleto de sambistas talentosos.

No ano seguinte ao seu nascimento, foi inaugurada a primeira emissora de TV do Brasil. A história da TV e a história de Glória se entrelaçariam para sempre, tornando-se impossível falar de uma sem falar da outra.

Glória começou a trabalhar cedo. De início, ela atuou como telefonista, mas o que ela queria mesmo, desde os tempos em que estudava em colégios públicos, era dar notícias. Por isso, na juventude, conciliava os estudos na faculdade de Jornalismo com o trabalho entre fios e ramais telefônicos.

Em 1970, Glória foi levada por uma amiga para trabalhar no serviço de radioescuta da *TV Globo*, numa função que consistia em ouvir e checar as informações que estavam sendo noticiadas pelos concorrentes para repassá-las aos produtores e editores. Na emissora, tornou-se repórter, numa época em que os jornalistas ainda não apareciam no vídeo. Foi a agilidade em investigar e escrever que a colocou na equipe de reportagem.

Na década de 1970, ser mulher, negra, vinda de uma camada mais pobre da sociedade eram requisitos certos para sofrer preconceito. Mas Glória não desistiu. A experiência de telefonista a fazia encontrar facilmente um entrevistado para uma notícia, dar informações e até ajudar em alguma reportagem investigativa. A competência de organizar as ideias e os registros deu a ela uma grande vantagem na nova profissão.

A primeira grande cobertura jornalística de Glória ocorreu em 1971, quando caiu um viaduto no Rio de Janeiro. Enquanto almoçava com a equipe de reportagem, Glória recebeu um telefonema. Os jornalistas que estavam na redação haviam recebido a notícia, mas não conseguiam confirmá-la com nenhuma autoridade. Não sabiam se era verdade ou não.

Lembrando-se dos tempos de telefonista, Glória disse: "Vamos pegar um catálogo telefônico e ligar para os moradores das ruas próximas ao viaduto!". Com a confirmação do primeiro vizinho, Glória rapidamente foi para o local e garantiu a cobertura da tragédia.

Em 1977, Glória foi escolhida pelos diretores da Globo para fazer a primeira entrada ao vivo e em cores do *Jornal Nacional*. A expectativa era grande, já que o próprio Roberto Marinho, dono da emissora, estaria assistindo, e havia sido feito um alto investimento financeiro envolvendo vários departamentos.

O local escolhido foi a Avenida Brasil, uma das principais vias do Rio de Janeiro, onde sempre se formava um grande congestionamento na saída da cidade. O movimento dos carros, com suas cores e luzes, criaria o cenário ideal.

No início da noite, Glória e a equipe foram de carro até a Avenida Brasil. Pouco antes da transmissão, um imprevisto deixou todos atordoados: a lâmpada de iluminação queimou. Foi então que o cinegrafista teve uma ideia: acender os faróis do carro! Mas a luz só iluminava até a altura da cintura. Sem pensar duas vezes, Glória decidiu se ajoelhar. O cinegrafista abaixou a câmera, ajeitou o enquadramento, e Glória entrou, ao vivo e em cores, para a história do jornalismo e da TV.

Glória mudou-se do Rio de Janeiro para Brasília, a nova capital do país, para atuar em assuntos nacionais. Na capital, em plena Ditadura Militar, Glória enfrentou o racismo do ex-presidente João Baptista Figueiredo.

Logo que o general assumiu a presidência, em 1979, ele fez um pronunciamento que marcou o período: "Eu prendo e arrebento para defender a democracia". Para susto da equipe de reportagem, chefiada por Glória, o filme, tecnologia da época utilizada para captar a imagem, acabou antes de gravar essa parte do discurso.

A emissora não podia abrir mão desse trecho importante, e Glória foi pedir ao presidente que repetisse o depoimento. Ele negou e disse que aquilo não era problema dele. A cena da conversa havia sido gravada, e criou-se um dilema: mostrar ou não a negociação entre a jornalista e o presidente? Para desgosto do presidente, a decisão foi de exibi-la em rede nacional. Usando expressões racistas, ele passou todo o mandato dizendo que jamais daria entrevista para Glória Maria.

A jornalista, que atuou em todos os telejornais da *Globo*, inaugurou um estilo muito próprio: a reportagem participativa. Durante as reportagens, ela também opinava sobre determinadas situações, como o que ela sentia ao pular do maior *bungee jump* do mundo enquanto gravava uma matéria. Os gritos de emoção, misturados ao terror do desafio, criavam uma legião de fãs, que se sentiam contemplados nos seus desejos de aventura. Ela foi também a primeira pessoa a fazer um voo duplo no Brasil. Cobriu guerras mundo afora e muitos conflitos internacionais nas áreas de política, economia e segurança.

Costumava dizer que não queria agradar a todos, pois quem pagava as contas no fim do mês era ela. Afiada, aprendeu a se defender do racismo e a lidar com um ambiente machista, preconceituoso e com egos inflados. Dizia que não queria viver numa área de conforto.

"Quando você se sente confortável, você perde o frescor, você envelhece internamente. Eu não pretendo ficar velha."

Em 1986, a jornalista passou a fazer parte da equipe do *Fantástico*, programa da *Rede Globo* de maior audiência na TV aos domingos. No programa, ela foi apresentadora de 1998 a 2007.

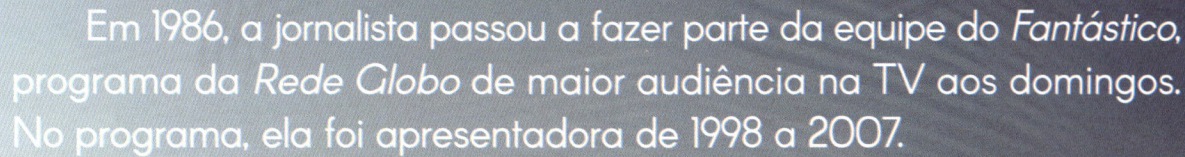

Ficou conhecida por matérias especiais, viagens a lugares exóticos e entrevistas com celebridades. Durante uma gravação com o cantor Michael Jackson, o astro chegou a se admirar pelo fato de uma mulher negra ter assumido um posto tão importante numa emissora de TV, especialmente no Brasil, um país com altas estatísticas de preconceito e racismo. Na lista de celebridades que entrevistou, também estão o ator Leonardo Di Caprio e a cantora Madonna.

A jornalista foi também a primeira pessoa do Brasil a usar a Lei Afonso Arinos. Na época, o racismo não era considerado crime, mas apenas uma contravenção.

Nesse episódio, Glória foi barrada por um gerente de hotel, que alegou que negros não podiam entrar. A jornalista o processou, mas ele acabou se livrando da acusação ao pagar uma multa, como previa a legislação da época. "O racismo, para muita gente, não vale nada, né? Só para quem sofre", disse Glória certa vez ao se lembrar do fato.

Ser mãe nunca esteve nos planos de Glória. Ela dizia que o trabalho já era o seu filho e que precisava sempre estar bem para cuidar dele. Entretanto, em 2009, ao fazer um trabalho voluntário na Bahia, na Organização do Auxílio Fraterno (OAF), dedicada a atender crianças e adolescentes em situação de risco e vulnerabilidade social, conheceu Maria e depois se encantou com Laura. Quando descobriu que as duas eram irmãs biológicas, entrou com um processo de adoção que levou 11 meses para ser concluído.

O desafio maior estava prestes a chegar. Em 2019, Glória Maria foi diagnosticada com câncer de pulmão, contra o qual teve sucesso no tratamento. No entanto, foi detectada em seguida uma metástase no cérebro, ou seja, a doença havia se espalhado. Glória revelou a notícia em entrevista ao jornalista Pedro Bial. Para se tratar, ficou afastada por quase dois anos da TV, voltando a trabalhar em 2021.

No ano seguinte, uma nova metástase a tirou definitivamente das redações. No dia 2 de fevereiro de 2023, veio a notícia que ninguém queria dar ou ouvir:

"É com muita tristeza que anunciamos a morte da nossa colega e jornalista Glória Maria. Glória marcou a sua carreira como uma das mais talentosas profissionais do jornalismo brasileiro, deixando um legado de realizações, exemplos e pioneirismos para a Globo e seus profissionais. A jornalista deixa duas filhas, Laura, de 14 anos, e Maria, de 15 anos."

O *Jornal Nacional* encerrou em silêncio, sem trilha sonora, enquanto os créditos subiam na tela. Até os microfones, que costumavam anunciar Glória sempre de algum lugar do mundo, também ficaram em silêncio em cima da bancada.

Toda a imprensa parou para homenagear Glória Maria. Era o próprio jornalismo reverenciando uma de suas maiores representantes. Apesar da tristeza, o clima era de respeito, admiração e gratidão.

Durante décadas, a mulher negra crescida em Vila Isabel havia sido uma presença constante nos lares de milhões de brasileiros, levando informação, diversão e conhecimento por meio das telas das TVs.

As atitudes pioneiras e a autenticidade de Glória Maria conquistaram gerações. A trajetória da jornalista permanece como um exemplo, apontando sempre para o futuro.

A OBRA

A coleção BLACK POWER apresenta biografias de personalidades negras que marcaram época e se tornaram inspiração e exemplo para as novas gerações. Os textos simples e as belas ilustrações levam os leitores a uma viagem repleta de fatos históricos e personagens que se transformaram em símbolo de resistência e superação.

As biografias são responsáveis por narrar e manter viva a história de personalidades influentes na sociedade. É por meio delas que autor e leitor vão mergulhar nos mais importantes e marcantes episódios da vida do biografado

Esta obra conta a história de Glória Maria, uma jornalista fundamental na construção das representatividades feminina e negra no meio televisivo brasileiro. Desde o início da carreira, Glória precisou enfrentar importantes desafios para que conseguisse aparecer na tela da TV Globo, já que sua função, inicialmente, era atuar no serviço de radioescuta, auxiliando na produção dos programas. Bastou uma aparição para que nunca mais deixasse as telinhas — a jornalista passou por todos os telejornais do canal e por lá reportou inúmeras histórias, marcando presença no cotidiano de milhares de brasileiros por décadas.

CURIOSIDADE

Os antigos egípcios tinham o costume de escrever sobre os seus líderes. Era assim que os seus principais feitos se mantinham vivos. Com o tempo, esses textos ganharam importância, e foi preciso criar um termo que pudesse nomeá-los. Foi assim que o filósofo Damásio uniu duas palavras vindas do grego: *bio*, que significa "vida", e *grafia*, que significa "escrita". Dessa maneira, surgiu o que conhecemos hoje como o gênero biografia.

Conheça algumas das principais características desse gênero:

- texto narrativo escrito em terceira pessoa;
- história contada em ordem cronológica;
- veracidade dos fatos, ou seja, não é uma história inventada;
- uso de pronomes pessoais e possessivos (ele, ela, seu, sua…);
- uso de marcadores de tempo (na adolescência, naquela época, na vida adulta…);
- verbos no pretérito, ou seja, no passado, pois os fatos narrados já aconteceram (fez, falou, escreveu…).

DUÍLIO FABBRI JÚNIOR

Duílio Fabbri Júnior atua como escritor, professor e jornalista formado pela PUC-Campinas. Ele também é Doutor em Linguística pela Universidade Federal de São Carlos (UFSCar) e mestre em Comunicação e Mercado pela Faculdade Cásper Líbero. Possui mais de 30 anos de experiência em comunicação, principalmente em televisão e comunicação digital. A educação de jovens e adultos também está muito presente em sua vida, tendo atuado como professor e gestor em diversas universidades. Seu trabalho está focado em produção audiovisual, discurso midiático, comunicação digital, telejornalismo, tecnologia e *marketing*. Como autor, possui diversos livros e textos publicados sobre os mais diversos temas da atualidade. Pela Editora Mostarda, escreveu a biografia infantojuvenil de Glória Maria, uma mulher inspiradora por quem Fabbri possui imensa admiração e que, assim como ele, era apaixonada pelo jornalismo e pela comunicação.

MANOELA COSTA

Manoela Costa é ilustradora, escritora, roteirista e quadrinista. Desde 2013, trabalha com criação e arte digital. Na infância, ela era apaixonada por livros de fantasia e por contar histórias. Esse fascínio a levou a cursar Design Gráfico na Universidade Estadual de Santa Catarina. Atualmente, ela une essa antiga paixão à sua grande imaginação e busca sempre embarcar em novas aventuras, criando fascinantes mundos de fantasia. Depois de anos ajudando autores do Brasil e do mundo a publicarem suas obras, ela decidiu que seria a hora de escrever suas próprias histórias. De forma independente e brilhante, lançou os livros *Animus: A magia selvagem* e *Terror comprimido*. Além disso, ela também realiza artes para capas de livros, jogos de tabuleiro, quadrinhos e materiais paradidáticos. A sua mais nova aventura foi ilustrar a biografia infantojuvenil da jornalista Glória Maria. Utilizando a arte digital, Manoela levou para cada página do livro a luz e a força dessa grande mulher.

GLÓRIA MARIA

Nome:	Glória Maria Matta da Silva
Nascimento:	15 de agosto de 1949, Rio de Janeiro
Nacionalidade:	Brasileira
Mãe:	Edna Alves Matta
Pai:	Cosme Braga da Silva
Formação:	Pontifícia Universidade Católica do Rio de Janeiro
Profissão:	Jornalista
Falecimento:	2 de fevereiro de 2023

LINHA DO TEMPO

1949
Nasce no dia 15 de agosto de 1949 em Vila Isabel, bairro do Rio de Janeiro.

1965
Começa a trabalhar, já aos 16 anos, como telefonista na Companhia Telefônica Brasileira.

1970
Ingressa na *TV Globo* no serviço de radioescuta.

1971
Realiza sua primeira grande cobertura jornalística depois da queda de um viaduto no Rio de Janeiro.

1977
É escolhida para fazer a primeira entrada ao vivo e em cores do *Jornal Nacional*.

2021 — Retorna às atividades na *TV Globo*.

2009 — Dá início ao processo de adoção de suas duas filhas.

2023 — Morre em 2 de fevereiro de 2023.

1986 — Integra a equipe do programa *Fantástico* na *Rede Globo*.

2022 — É diagnosticada com metástase no cérebro.

2019 — Recebe o diagnóstico de que está com câncer de pulmão.

REPORTAGENS IMPERDÍVEIS DE GLÓRIA MARIA

Cobertura da Guerra das Malvinas (1982) – A cobertura realizada por Glória Maria do conflito entre Argentina e Inglaterra foi histórica para o jornalismo brasileiro, já que nesse processo ela acabou se tornando a primeira mulher do Brasil a ser responsável por reportar acontecimentos de uma guerra daquele tamanho. Não era um hábito entre os grandes veículos de comunicação o envio de jornalistas mulheres para cobrir esse tipo de evento; no entanto, depois de insistir com seu diretor, Glória acabou conseguindo essa oportunidade. Muitos anos depois, em entrevistas, a jornalista admitiu que sentia medo ao atuar em um ambiente tão arriscado, mas entendia que aquele era um desafio importante para sua evolução pessoal e profissional.

Entrevista com Madonna (2005) – Conversar com a Rainha do Pop sempre foi um grande desafio para os jornalistas, pois as entrevistas de Madonna têm fama de imprevisíveis. Ao trocar informações com outras comunicadoras brasileiras, Glória Maria ficou ainda mais tensa para a entrevista, que seria focada no lançamento do então novo disco da artista, o *Confessions on a Dance Floor*. Anteriormente a cantora já havia sido ríspida com outras comunicadoras importantes, como Marília Gabriela e Xuxa. Dessa forma, antes mesmo que a conversa se iniciasse, Glória resolveu avisar Madonna de que lhe foram concedidos somente quatro minutos para realizar toda a entrevista e que a jornalista não tinha fluência na língua inglesa. Surpreendentemente a artista tranquilizou Glória para que ela usasse o tempo que fosse preciso para a gravação do material e respondeu com leveza a todas as perguntas. Ao final, Glória revelou que havia levado um presente para Madonna, que não só quis abri-lo logo que o recebeu, como adorou o colar dado pela jornalista e seguiu usando-o até mesmo nas entrevistas concedidas posteriormente.

Glória Maria e o bungee jump de Macau (2017) – A jornalista aproveitou uma série de materiais produzidos na China e resolveu encarar o então maior *bungee jump* do mundo, conhecido como *Macau Tower*. Mesmo já sabendo de todo o medo que esse tipo de desafio causava, uma vez que 15 anos atrás ela havia se aventurado em um *bungee jump* na Nova Zelândia, Glória resolveu arriscar um salto de uma altura que seria equivalente a um prédio de 78 andares. A jornalista mostrou todos os protocolos de segurança realizados pelos profissionais, sem deixar escapar das câmeras os seus momentos de nervosismo minutos antes do desafio. Glória ainda realizou todo o trajeto da queda de 233 metros de altura com uma câmera presa em seu pulso, o que permitiu aos telespectadores acompanharem a aventura de um ponto de vista muito semelhante ao que a jornalista teve ao saltar daquela altura.

PARA VER, OUVIR E LER MAIS

Filme

Lugar de Mulher #soquenao (2018) – Com direção de Carla Barros e Ricardo Pompeu, o longa-metragem segue um estilo documental, apresentando entrevistas realizadas por Mariana Weickert. Durante o filme, ela conversa com diversos especialistas, incluindo a participação da jornalista Glória Maria, realizando uma abordagem de diferentes desafios encontrados pelas mulheres no cotidiano.

Audiovisual

Entrevista com Marília Gabriela (2016) – Em conversa com a apresentadora Marília Gabriela, no programa TV Mulher, do Canal Viva, Glória Maria falou abertamente sobre sua relação com episódios racistas nos tempos atuais.

Entrevista no Roda Viva (2022) – Nesse emblemático bate-papo, a jornalista revisitou alguns dos momentos mais marcantes de sua vida e foi questionada sobre questões importantes de sua trajetória – não apenas como profissional de comunicação, mas também como mulher negra.

Livro

Conversa com Bial em casa (2020) – Nessa obra, o comunicador Pedro Bial homenageia os 70 anos da TV brasileira e adapta algumas de suas entrevistas para o formato textual em um momento no qual as produções audiovisuais tiveram de ser suspensas em decorrência da pandemia de Covid-19. Entre os 25 entrevistados ilustres presentes no livro, está a jornalista Glória Maria, que relatou histórias pessoais e aventuras jornalísticas ao redor do mundo.

EDITORA MOSTARDA
WWW.EDITORAMOSTARDA.COM.BR
Instagram: @editoramostarda

© Duílio Fabbri Júnior, 2024

Direção:	Pedro Mezette
Edição:	Andressa Maltese
Produção:	A&A Studio de Criação
Ilustração:	Manoela Costa
Revisão:	Beatriz Novaes
	Elisandra Pereira
	Marcelo Montoza
	Mateus Bertole
	Nilce Bechara
Diagramação:	Ione Santana
Edição de arte:	Leonardo Malavazzi

Dados Internacionais de Catalogação na Publicação (CIP)
(Câmara Brasileira do Livro, SP, Brasil)

```
Fabbri Júnior, Duílio
   Glória Maria : Glória Maria Matta da Silva /
Duílio Fabbri Júnior ; ilustração Manoela Costa. --
1. ed. -- Campinas, SP : Editora Mostarda, 2024.

   "Edição especial"
   ISBN 978-65-80942-55-8

   1. Jornalistas - Brasil - Biografia - Literatura
infantojuvenil 2. Maria, Glória, 1949-2023 -
Biografia - Literatura infantojuvenil I. Costa,
Manoela. II. Título.

23-167510                                    CDD-028.5
```

Índices para catálogo sistemático:

1. Jornalistas : Biografia : Literatura
   infantojuvenil   028.5
2. Jornalistas : Biografia : Literatura juvenil
   028.5

Aline Graziele Benitez - Bibliotecária - CRB-1/3129

Nota: Os profissionais que trabalharam neste livro pesquisaram e compararam diversas fontes numa tentativa de retratar os fatos como eles aconteceram na vida real. Ainda assim, trata-se de uma versão adaptada para o público infantojuvenil que se atém aos eventos e personagens principais.